気軽にできて、とびきりおいしい！

グラタン・ドリア
GRATIN & DORIA

堤 人美

気軽にできて、とびきりおいしい！

グラタン・ドリア

思い立ったらさっと作れるから、毎日のごはんやおつまみにぴったり。
もちろん、人が集まる日の気負わないおもてなしにも最適です。

簡単にできる
基本のソースで

フライパン
1つで

野菜だけ
でも

おつまみ
にも

はじめに

私にとってグラタンは、いつだって食べたいものの1つ。
たとえば、「ほうれん草とゆで卵」のように、
家にある気軽な材料で。
冬には「カリフラワーだけ」「牡蠣(かき)だけ」といった
シンプルなグラタンを。
暑い夏にも、とうもろこしやズッキーニなどの
夏野菜を使って。

ひとりのときでもよく作りますし、残ったらごはんにのせて
ドリアにしたり、パンやパスタといっしょに食べたりもします。
人が集まるときに「あと一品作っておこうかな」と
部屋を暖めるような気持ちで作ることもあります。

本書では、王道のグラタンやソースの作り方はもちろん、
フライパン1つで作る方法もご紹介しました。
この手法を覚えたら、自分の好きな野菜で、
いろんなグラタンが作れるようになるはず。
主菜にしたり、つけ合わせにしたり、おつまみにしたり。
グラタンのおいしい楽しみ方を、
広げていただけたらうれしいです。

堤 人美

CONTENTS

第1章
基本のソースで
王道のグラタン・ドリア

第2章
フライパン1つで完成！
毎日のグラタン・ドリア

（本書の決まり）
- 小さじ1は5㎖、大さじ1は15㎖、1カップは200㎖です。
- オーブンはガスオーブンを、電子レンジは600Wのものを使用しました。加熱時間は目安です。機種や使用年数により差がありますので、様子を見ながら加減してください。
- 野菜は、特に記載のない限り、洗ったり皮をむいたりしてからの手順を記載しています。

意外とシンプル！
基本の材料と道具

ホワイトソース

ホワイトソースの主な材料は、バター、小麦粉、牛乳、そして生クリームの4つ。鍋にバターを溶かして小麦粉を炒めたら、温めた牛乳を加えてよく混ぜ、沸騰してとろりとしたら生クリームを加えます。あとは、塩、こしょう、ナツメグで味をととのえれば完成。思っているよりずっと簡単なんです。

➡詳しくはp.10

トマトソース

トマトソースの主な材料は、トマト水煮缶、玉ねぎ、にんにくと超シンプル！　みじん切りにしたにんにくを炒め、香りが立ったら薄切りにした玉ねぎを加え、ふたをして蒸らし、しんなりさせます。そこにトマト缶と水を加えて15分ほど煮込むだけ。あとは塩、こしょうで味をととのえ、オリーブ油で風味づけを。

➡詳しくはp.11

おいしいけれど、手間がかかって大変なイメージのあるグラタン。
でも、ここでご紹介するとおり、特別な材料や道具は必要ありません。
家にあるもので、ぜひ気軽に試してみてください。

小鍋

ホワイトソース作りに使用します。直径16〜18cmくらいのステンレス製のものが使いやすいと思いますが、ご家庭にあるものでかまいません。

ゴムべら

ホワイトソース作りや、グラタンの具材を炒めるときに使用するので、必ず耐熱のものを使ってください。木べらで代用してもOKです。

泡立て器

ホワイトソース作りに使用します。私は持ち手とワイヤーが一体となったステンレス製のものを愛用。シリコン製のものを使う場合は、耐熱のものを選んでください。ぐるぐる混ぜるので、にぎりやすいものがベスト。

フライパン

トマトソース作りや、グラタンの具材を炒めるときに使用します。本書では直径26cmの、フッ素樹脂加工のフライパンを使用しました。

グラタン・ドリアを作るときの
耐熱皿について

　グラタンは高温のオーブンで焼き上げるので、必ずオーブン使用OKの耐熱皿を使ってください。陶器や磁器、ホウロウ、耐熱ガラス、セラミックなどさまざまな種類があります。ホウロウのバットなどを使ってもいいですね。形はオーバル（だ円形）、ラウンド（丸形）、長方形、正方形などお好みで。深さもまちまちですが、具材を何層かに重ねたり、さらっとした液体状のソースのグラタンを作る場合は、や

や深さのあるものが向いています。
　サイズは、1人分なら容量300〜400㎖程度のもの、2〜3人分をまとめて作るなら容量1ℓほどのものが使いやすいと思います。あつあつをひとりじめするのもよいですし、大きな器でドーンと出せば、食卓が華やぎます。
　いずれも、焼きたては高温になっているので、オーブンから取り出すときはやけどに注意してください。

第 **1** 章

基本のソースで
王道のグラタン・ドリア

まずは、大人も子どもも大好きな
定番のグラタン・ドリアを作ってみましょう。
基本となるのは「ホワイトソース」と「トマトソース」。
この2つをマスターすれば、グラタンがとても身近に！

基本のぐるぐるホワイトソース

定番のグラタンには欠かせない、基本となるホワイトソース。覚えておけば、グラタンのハードルが
ぐっと下がる気軽さ。さらに、だまになりづらい、失敗知らずの作り方です。

[材料] 作りやすい分量（1回分、でき上がり約400㎖）

牛乳	1と1/2カップ
生クリーム	1/2カップ
バター	大さじ2
小麦粉	大さじ3
塩	小さじ1/2
こしょう・ナツメグパウダー	各適量

[保存方法]

バットに広げ、表面にぴったりとラップを貼りつけて粗熱をとる。冷蔵で1～2日、保存袋に入れて冷凍すれば2週間保存可能。

WHITE SAUCE

1

牛乳は電子レンジ（600W）で2分ほど加熱し、沸騰直前まで温めておく。厚手の鍋にバターを弱めの中火で溶かし、バターが完全に溶けたら小麦粉を加える。

2

ゴムべらで小麦粉の粉けがなくなるまでよく混ぜ、**1**の牛乳を一気に加えて中火にする。

3

泡立て器でぐるぐると勢いよく混ぜる。

4

沸騰してとろりとし、手ごたえがふっと軽くなったら生クリームと塩、こしょう、ナツメグを加えてひと煮し、味をととのえる。

基本のぐつぐつトマトソース

ホワイトソースだけがグラタンではありません。さわやかなトマトグラタンの基本のソース。
15分ほどですが、煮込むことによりぐっと味わいが奥深くなります。

[材料] 作りやすい分量（2回分、でき上がり約500㎖）

トマト水煮缶（トマトをはさみで切るか手でつぶす）1缶（400g）	
玉ねぎ（薄切り）	1/2個
にんにく（みじん切り）	1/2かけ
水	3/4カップ
塩	小さじ1/2
こしょう	適量
オリーブ油	小さじ2＋小さじ2

[保存方法]

粗熱をとり、冷蔵で4〜5日、保存袋に入れて冷凍すれば2週間保存可能。

1

フライパンにオリーブ油小さじ2とにんにくを弱火で熱し、香りが立ったら玉ねぎを加えてさっと炒める。

2

ふたをして、しんなりするまで5分ほど蒸らす。

3

ふたをとって中火にし、トマト缶と分量の水を加えて煮る。煮立ったら弱めの中火にし、15分ほど煮込む。

4

塩、こしょうで味をととのえ、オリーブ油小さじ2をまわし入れる。

| 200℃ |
| 15分 |

チキンマカロニグラタン

焼きたてあつあつを、ふうふうしながら食べたい
正統派のチキンマカロニグラタン。
とろ〜りクリーミーなソースから飛び出たマカロニが
ところどころ焦げて、カリッとしているところも美味。

マカロニ（乾燥）	50g
鶏もも肉（ひと口大に切る）	1/2枚（120g）
玉ねぎ（7mm幅のくし形切り）	1/4個
マッシュルーム（4等分に切る）	4個
バター	小さじ2
ホワイトソース（→p.10参照）	
牛乳	1と1/2カップ
生クリーム	1/2カップ
バター	大さじ2
小麦粉	大さじ3
塩	小さじ1/2
こしょう・ナツメグパウダー	各適量
トッピング	
グリュイエールチーズ（すりおろし）	40g
パン粉・バター	各小さじ1

[作り方]

1 マカロニをゆでる

マカロニは袋の表示時間より1～2分短めにゆでてざるにあげ、流水で冷やして水けをふく。サラダ油（分量外）を薄くまぶす[a]。

2 ホワイトソースを作る

下記（またはp.10）を参照してホワイトソースを作る。

3 具を炒める

フライパンにバターを中火で熱し、鶏肉を1分ほど炒める。玉ねぎ、マッシュルームを加えてさらに1分30秒ほど炒め合わせる。

4 焼く

3に**1**を加え、**2**の半量を加えてさっくり混ぜ、耐熱皿に流し入れる。残りの**2**をかけてチーズを散らし、パン粉をふってバターをところどころにのせ、200℃のオーブンで15分ほど焼く。

マカロニに油をまぶしておくと、時間がたってもくっつかない。

[**ホワイトソース覚え書きmemo**]

※詳しくはp.10

1 鍋にバターを弱めの中火で溶かし、小麦粉を加えて粉けがなくなるまで炒める。

2 温めた牛乳を一気に加えて中火にし、泡立て器でぐるぐる混ぜる。

3 とろりとしてきたら生クリーム、塩、こしょう、ナツメグを加えて混ぜる。

[材料] 3〜4人分

なす（縦1cm幅に切る）	**4本**
合いびき肉	**250g**
玉ねぎ（粗みじん切り）	1/2個
小麦粉	大さじ1
赤ワイン	大さじ3
A｜塩	小さじ1/3
こしょう	少々
にんにく（すりおろし）	1/2かけ分
ウスターソース	小さじ2
クミンパウダー	小さじ1/4

トマトソース（→p.11参照、使用するのは以下の半量）

トマト水煮缶（トマトをはさみで切るか手でつぶす）	
	1缶（400g）
玉ねぎ（薄切り）	1/2個
にんにく（みじん切り）	1/2かけ
水	3/4カップ
塩	小さじ1/2
こしょう	適量
オリーブ油	小さじ2＋小さじ2
オレガノ（乾燥）	適量
オリーブ油	大さじ2〜3

トッピング

モッツァレラチーズ（ちぎる）	1袋（100g）

[作り方]

1　具を炒める

フライパンにオリーブ油を強めの中火で熱し、なすを両面2分30秒ずつ焼いてキッチンペーパーにとり出す。中火にし、玉ねぎを入れて3分ほど炒め、しんなりしたらひき肉を加えて2分30秒ほど炒め合わせ、小麦粉をふり、赤ワインをまわし入れる。**A**で味をととのえる。

2　トマトソースを作る

下記（またはp.11）を参照してトマトソースを作り（このうち半量を使用する）、オレガノを加えて混ぜる。

3　焼く

耐熱皿に **1** のなすとひき肉だねを交互に重ねて入れ、**2** をかける⒜。チーズをところどころにのせ、200℃のオーブンで15分焼く。

なすは寝かせるのではなく、縦に並べてひき肉をはさんでいくことでボリューム感を出せる。

[トマトソース覚え書きmemo]
※詳しくはp.11

1 フライパンにオリーブ油とにんにくを弱火で炒め、香りが立ったら玉ねぎを加えて炒める。

2 ふたをしてしんなりするまで5分ほど蒸らす。

3 ふたをとって中火にし、トマト缶と水を加える。煮立ったら弱めの中火にし、15分ほど煮込む。

4 塩、こしょうで味をととのえ、オリーブ油をまわし入れる。

200℃
15分

なすとひき肉のトマトグラタン

なすと油の相性のよさは言わずもがな。
油を吸ってとろりとしたなすに、クミンのパンチが効いた
スパイシーなひき肉がよく合います。
カリッと焼いたパンにのせて食べるのもおすすめ。

ほうれん草とゆで卵の
グラタン

特別な具材がなくたって、グラタンならとびきりのごちそうに！
うまみと甘みが増す冬のほうれん草に
ゆで卵を組み合わせれば、主役級のボリュームです。

ほうれん草	**1束** (250g)
卵	**2個**
ホワイトソース (→p.10参照)	
牛乳	1と1/2カップ
生クリーム	1/2カップ
バター	大さじ2
小麦粉	大さじ3
塩	小さじ1/2
こしょう・ナツメグパウダー	各適量

トッピング

グリュイエールチーズ（**すりおろし**）	40g
パン粉・バター	各小さじ1

[作り方]

1 材料の下ごしらえをする

卵はかぶるくらいの水とともに鍋に入れて中火にかけ、沸騰してから10分ゆでて冷水にとり、殻をむいて5mm幅の輪切りにする。ほうれん草は根元に十字に切り目を入れ、塩適量（分量外）を入れた熱湯でさっとゆで、冷水にとって水けを絞り、4cm長さに切る。

2 ホワイトソースを作る

下記（またはp.10）を参照してホワイトソースを作る。

3 焼く

2にほうれん草を加えてさっくり混ぜ、耐熱皿に入れる。卵をのせ、チーズを散らし、パン粉をふってバターをところどころにのせる。200℃のオーブンで15分ほど焼く。

卵は少しずつずらしながらのせるとよい。

[**ホワイトソース覚え書きmemo**]

※詳しくはp.10

1 鍋にバターを弱めの中火で溶かし、小麦粉を加えて粉けがなくなるまで炒める。

2 温めた牛乳を一気に加えて中火にし、泡立て器でぐるぐる混ぜる。

3 とろりとしてきたら生クリーム、塩、こしょう、ナツメグを加えて混ぜる。

シーフードミックス （または小えび、ほたて貝柱など）

120g

温かいごはん　　　　　　　　　　　　　300g

ホワイトソース （→p.10参照）

牛乳	1と1/2カップ
生クリーム	1/2カップ
バター	大さじ2
小麦粉	大さじ3
塩	小さじ1/2
こしょう・ナツメグパウダー	各適量

A	玉ねぎ（1cm角に切る）	1/4個
	にんじん（1cm角に切る）	1/4本
	ピーマン（1cm角に切る）	1個

トマトケチャップ	大さじ6
塩・こしょう	各適量
バター	小さじ2

トッピング

| ピザ用チーズ | 40g |
| パン粉・バター | 各小さじ1 |

[作り方]

1　材料の下ごしらえをする

シーフードミックスは解凍し、塩水（分量外）で洗ってキッチンペーパーで水けをふき、塩、こしょう各少々をふる。

2　ホワイトソースを作る

下記（またはp.10）を参照してホワイトソースを作る。

3　ケチャップライスを作る

フライパンにバターを中火で熱し、**1**を2分ほど炒める。**A**を加えてさらに2分ほど炒め、塩、こしょう各少々をふる。端に寄せ、ケチャップを加えて色が濃くなるまで炒める[a]。ごはんを加えて炒め合わせ、塩、こしょうで味をととのえる。

4　焼く

耐熱皿にバター（分量外）を薄く塗る。**3**を入れて、**2**をかけ、チーズを散らし、パン粉をふってバターをところどころにのせる。200℃のオーブンで15分ほど焼く。

ケチャップは煮詰めることで、酸味が飛んで味が濃くなる。

[**ホワイトソース覚え書きmemo**]

※詳しくはp.10

1 鍋にバターを弱めの中火で溶かし、小麦粉を加えて粉けがなくなるまで炒める。

2 温めた牛乳を一気に加えて中火にし、泡立て器でぐるぐる混ぜる。

3 とろりとしてきたら生クリーム、塩、こしょう、ナツメグを加えて混ぜる。

200℃
15分

シーフードドリア

まろやかでクリーミーなホワイトソースの下には
子どもも大人も喜ぶケチャップライス。
魚介の濃厚なうまみがたっぷりで
もちろん大人も大満足の味わいです。

200℃ / 15分 タラと長ねぎの 北欧グラタン

タラと長ねぎの真っ白なグラタン。
ケッパー入りのホワイトソースが濃厚なおいしさです。
加熱したねぎはとろりと甘く、タラのうまみとマッチ。

生ダラ（4等分に切る）	**2切れ**（150g）
長ねぎ（3cm長さに切る）	**1本**
塩	小さじ1/4
こしょう	少々
小麦粉	適量
白ワイン	大さじ1
ホワイトソース（→p.10参照）	
牛乳	2カップ
生クリーム	1/2カップ
小麦粉	大さじ4
バター	大さじ3
塩	小さじ1/3
こしょう・ナツメグパウダー	各適量
ケッパー	大さじ1
オリーブ油	小さじ2
トッピング	
グリュイエールチーズ（すりおろし）	40g
パン粉・バター	各小さじ1

［ 作り方 ］

1　材料の下ごしらえをする

タラは塩をふり、10分おいて出てきた水け
をふく。こしょうをふり、小麦粉を薄くはたく。
フライパンにオリーブ油を中火で熱し、タラ
と長ねぎを入れる。長ねぎは転がしながら
焼き色がつくまで焼き、タラは両面を1分
30秒ずつ焼いて白ワインをふり、とり出す。

2　ホワイトソースを作る

下記（またはp.10）を参照してホワイトソー
スを作り、ケッパーを加えて混ぜる。

3　焼く

2の半量を耐熱皿に入れ、**1**をのせる。
残りの**2**をかけ、チーズを散らし、パン
粉をふってバターをところどころにのせる。
200℃のオーブンで15分焼く。

ホワイトソースでタラと長ねぎをはさむようにするとタラの
身崩れも防げる。

［ ホワイトソース覚え書きmemo ］
※詳しくはp.10

1 鍋にバターを弱めの中火で溶かし、小麦粉を
加えて粉けがなくなるまで炒める。

2 温めた牛乳を一気に加えて中火にし、泡立て
器でぐるぐる混ぜる。

3 とろりとしてきたら生クリーム、塩、こしょう、ナ
ツメグを加えて混ぜる。

[材料] 2人分

えび（ブラックタイガー、殻と背わたを除く）	**10尾**
塩・こしょう	各少々
ブロッコリー（小房に分ける）	**50g**
セロリ（筋を除いて薄切り）	1/2本
玉ねぎ（7mm幅に切る）	1/2個
トマトソース（→p.11参照、使用するのは以下の半量）	
トマト水煮缶（トマトをはさみで切るか手でつぶす）	
	1缶（400g）
玉ねぎ（薄切り）	1/2個
にんにく（みじん切り）	1/2かけ
水	3/4カップ
塩	小さじ1/2
こしょう	適量
オリーブ油	小さじ2＋小さじ2
生クリーム	**1カップ**
バター	10g
トッピング	
グリュイエールチーズ（すりおろし）	50g
パン粉・バター	各小さじ1

[作り方]

1 トマトソースを作る

下記（またはp.11）を参照してトマトソースを作る（このうち半量を使用する）。

2 材料の下ごしらえをする

ブロッコリーは塩（分量外）を加えた熱湯で2分ほどゆでてざるにあげる。

3 えびを炒める

えびは塩水（分量外）で洗ってキッチンペーパーで水けをふき、塩、こしょうをふる。フライパンにバターを中火で熱し、えびをさっと炒める。色が変わったらセロリと玉ねぎを加えて1分ほど炒め合わせ、**1**を加えてひと煮立ちさせる。生クリームを加えて強火にし、2分ほど煮立てる[a]。

4 焼く

耐熱皿に**3**を入れて**2**をのせ、チーズを散らし、パン粉をふってバターをところどころにのせる。200℃のオーブンで15分焼く。

生クリームを加えてからふつふつと煮立てると、とろみが出てうまみが凝縮する。

[トマトソース覚え書きmemo]
※詳しくはp.11

1 フライパンににオリーブ油とにんにくを弱火で炒め、香りが立ったら玉ねぎを加えて炒める。

2 ふたをしてしんなりするまで5分ほど蒸らす。

3 ふたをとって中火にし、トマト缶と水を加える。煮立ったら弱めの中火にし、15分ほど煮込む。

4 塩、こしょうで味をととのえ、オリーブ油をまわし入れる。

$\boxed{\begin{array}{c}200\,℃\\15\,分\end{array}}$ **えび**と**ブロッコリー**の
トマトクリームグラタン

誰もが好きなトマトクリーム味。
ややゆるめのソースなので、ショートパスタや
タリアテッレのような平たいパスタとからめて食べるのもおすすめです。

200℃ / 15分

キーマ風
カレークリームドリア

キーマカレーのイメージで、ドリアにしました。
シンプルにバターライスにスパイシーなカレー、
クリーミーなホワイトソースが絶妙なハーモニーを奏でます。
ゆでブロッコリーやゆで卵などを添えても。

[材料] 2人分

豚ひき肉	**100g**
ミックスビーンズ（ドライパック）	**100g**
玉ねぎ（薄切り）	1/4個
カレー粉	大さじ1
ウスターソース	大さじ1
塩・こしょう	各少々
オリーブ油	小さじ2
ホワイトソース（→p.10参照）	
牛乳	2カップ
生クリーム	1/2カップ
小麦粉	大さじ4
バター	大さじ3
塩	小さじ1/3
こしょう・ナツメグパウダー	各適量
温かいごはん	300g
バター	小さじ2
トッピング	
ピザ用チーズ	50g

[作り方]

1　ホワイトソースを作る

下記（またはp.10）を参照してホワイトソースを作る。

2　カレーソースを作る

フライパンにオリーブ油を中火で熱し、玉ねぎを1分30秒ほど、しんなりするまで炒める。ひき肉を加えて塩、こしょうをふり、2分ほど炒める。カレー粉を加え、軽く油になじませながら全体にさっくり混ぜ、ミックスビーンズとウスターソースを加えてさっと混ぜる。**1**を加えてよく混ぜる。

3　焼く

ボウルにごはんを入れ、バターを加えて混ぜる。バター（分量外）を塗った耐熱皿に入れて**2**をかけ、チーズを散らして200℃のオーブンで15分ほど焼く。

[**ホワイトソース覚え書きmemo**]
※詳しくはp.10

1 鍋にバターを弱めの中火で溶かし、小麦粉を加えて粉けがなくなるまで炒める。

2 温めた牛乳を一気に加えて中火にし、泡立て器でぐるぐる混ぜる。

3 とろりとしてきたら生クリーム、塩、こしょう、ナツメグを加えて混ぜる。

[材料] 2～3人分

合いびき肉		**200g**
じゃがいも		2個（300g）
A	塩	小さじ1/4
	こしょう	適量
	牛乳	3/4カップ
	バター	大さじ2
しいたけ（5mm幅に切る）		3枚
にんにく（粗みじん切り）		1/2かけ
赤ワイン		大さじ2
トマトソース（→p.11参照）		
	トマト水煮缶（トマトをはさみで切るか手でつぶす）	
		1缶（400g）
	玉ねぎ（薄切り）	1/2個
	にんにく（みじん切り）	1/2かけ
	水	3/4カップ
	塩	小さじ1/2
	こしょう	適量
	オリーブ油	小さじ2＋小さじ2
B	ウスターソース	小さじ1
	ナツメグパウダー・クローブパウダー	
		各少々
オリーブ油		小さじ2
トッピング		
グリュイエールチーズ（すりおろし）		20g

[作り方]

1 マッシュポテトを作る

じゃがいもは皮つきのまま洗って1個ずつキッチンペーパーに包み、さらにラップで包んで電子レンジ（600w）で7～8分加熱する。竹串がスッと通るようになったら粗熱をとり、マッシャーでつぶして皮を除く。温かいうちに**A**を加え、なめらかになるまで混ぜる。

2 トマトソースを作る

下記（またはp.11）を参照してトマトソースを作る。

3 ミートソースを作る

フライパンにオリーブ油を弱火で熱し、にんにくを入れて1分半ほど、香りが立つまで炒める。しいたけとひき肉を加えて中火にし、3分ほど炒めて赤ワインをふり入れ、**2**を加える。**B**を加え、2～3分煮て味をととのえる。

4 焼く

耐熱皿に**3**の半量、**1**、残りの**3**、チーズを順に重ねる⒜。220℃のオーブンで20分ほど焼く。

ミートソースでマッシュポテトをサンドし、全体にしっかり味を行き渡らせる。

[トマトソース覚え書きmemo]
※詳しくはp.11

1 フライパンにオリーブ油とにんにくを弱火で炒め、香りが立ったら玉ねぎを加えて炒める。

2 ふたをしてしんなりするまで5分ほど蒸らす。

3 ふたをとって中火にし、トマト缶と水を加える。煮立ったら弱めの中火にし、15分ほど煮込む。

4 塩、こしょうで味をととのえ、オリーブ油をまわし入れる。

220℃ / 20分

アッシ パルマンティエ

「アッシ パルマンティエ」は、
マッシュポテトとひき肉を重ねて焼いたフランスの家庭料理。
とろとろのマッシュポテトが、スパイシーなひき肉を包み込み、
ホッとする味。しいたけからもよい味が出ます。

もっと簡単な**お手軽ソース**

レンジで簡単

ホワイトソース

レンジで加熱してぐるぐると混ぜるだけ。
生クリームを使わず、バターと小麦粉、牛乳で
できるので、とても気軽です。

[材料] 作りやすい分量（1回分、でき上がり約400㎖）

牛乳	2カップ
バター	大さじ2
小麦粉	大さじ3
塩	小さじ1/2
こしょう・ナツメグパウダー	各適量

1 耐熱ボウルにバターと小麦粉を入れ、ラップをかけずに電子レンジ（600W）で30秒加熱し、泡立て器でよく混ぜる。

2 牛乳を電子レンジ（600W）で1分ほど加熱する。**1**に3〜4回に分けて加え、そのつどよく混ぜる。

3 ラップをかけずに電子レンジ（600W）で2分加熱し、とり出してぐるぐると底からよく混ぜる。再びラップをかけずに電子レンジ（600W）で2分加熱し、同様によく混ぜる。

4 さらにラップをかけずに電子レンジ（600W）で様子を見ながら1分ずつ加熱しては混ぜることをくり返し、とろりとしたら塩、こしょう、ナツメグを加えて味をととのえる。

鍋やフライパンいらず、火を使わずに作れるホワイト＆トマトソースです。
洗いものが少なくてすむのも、忙しい日にはうれしいポイント。

缶の中で混ぜるだけ

トマトソース

トマトソースの超簡易版。
煮込まない分、さっぱりしていますが、
ピザソースとして使うのもおすすめです。

[材料] 作りやすい分量（2回分、でき上がり約400㎖）

トマト水煮缶	1缶（400g）
にんにく（つぶす）	1かけ
塩	小さじ1/2
こしょう	少々
オリーブ油	大さじ1

1 トマト缶のトマトは、はさみで切るか手でつぶす。

2 1ににんにく、塩、こしょう、オリーブ油を加えて混ぜる。
※こぼれてもいいように、下にバットなどを敷いておくとよい。ボウルで混ぜてもよい。

生野菜のみずみずしさや食感を楽しめるサラダ。主役のグラタンを引き立てます。

トマトとオレンジの メープルサラダ

フレッシュな酸味とジューシーな甘みの組み合わせ。
ミントの香りをまとわせて、あと味さっぱり。

豆苗とハーブのサラダ

シャキシャキとした生の豆苗に、香りよいハーブ。
ライムをしぼって、さわやかに。

[材料] 2人分

トマト	2個
オレンジ	1/2個
A 赤ワインビネガー・メープルシロップ	
	各小さじ2
オリーブ油	大さじ1
塩	小さじ1/4
こしょう	適量
ミント	適量

[作り方]

1 トマトは十字に切り目を入れてさっと熱湯にくぐらせ、冷水につけて皮を湯むきし、8等分のくし形切りにする。オレンジは皮と薄皮を除いて実を軽くほぐす。Aは混ぜ合わせる。

2 大きめのボウルに**1**を合わせ、ミントを加えて混ぜ、15分ほどおいて味をなじませる。

[材料] 2人分

豆苗（根元を除いて3等分に切り、水にさらす）	
	1/2袋（60g）
ディル（はさみで2cm長さに切る）	1パック（30g）
セルフィーユ（はさみで2cm長さに切る）	
	1/2パック（15g）
ライム（半分は果汁を絞り、半分は添える）	1個
オリーブ油	大さじ1と1/2
塩	小さじ1/3

[作り方]

1 豆苗は水けをきり、ディル、セルフィーユと合わせてボウルに入れる。

2 ライム果汁とオリーブ油、塩を加えてさっくり混ぜる。器に盛り、ライムを添える。

FRYING PAN GRATIN & DORIA

第2章

フライパン1つで完成！
毎日のグラタン・ドリア

デイリーなグラタンは、ソース作りを省いて気軽に作りたい！
だから、フライパンで具を炒めたら、小麦粉をふって
牛乳を加え、そのまま煮込んでしまいましょう。
耐熱皿に移して焼けば、あつあつグラタンのでき上がりです。

フライパン1つで作る
基本の流れ

1
具を炒める

フライパンにバターまたは油を熱し、下ごしらえした具を炒める。

2
粉をふる

全体に小麦粉をふり入れ、ゴムべらでよく混ぜ、なじませる。

ホワイトソースを別に作らなくても、フライパンの中で具と小麦粉をからめ、
牛乳を加えて煮込めばOK。トマトグラタンの場合も同様に、
具を炒めてからトマト缶を加え、フライパンの中で煮込んでしまいます。

3
牛乳を加えて煮る

牛乳を2回に分けて加え、そのつどだまに
ならないようによく混ぜながら、とろりとす
るまで煮る。塩、こしょうなどで味をととの
える。

4
焼く

耐熱皿に入れてトッピング用のチーズを散
らし、パン粉を全体にふって、バターをとこ
ろどころにのせる。オーブンで焼く。

200℃ 15分

チキンとかぶ、マッシュルームのグラタン

定番のチキングラタンも、フライパン1つで気軽に作れます。
ジューシーな鶏肉に、甘くみずみずしいかぶ、
ぽくぽくとした食感のマッシュルームを合わせれば
大人も子どもも夢中になるおいしさです。

鶏もも肉（ひと口大に切る）	**1枚**（250g）
かぶ（皮つきのまま8等分のくし形切り）	**2個**
マッシュルーム（石づきを除いて半分に切る）	**6個**
玉ねぎ（薄切り）	1/4個
塩・こしょう	各適量
バター	大さじ3
小麦粉	大さじ4
牛乳	2カップ
A 塩	小さじ1/3
こしょう・ナツメグパウダー	各少々

トッピング

ピザ用チーズ	50g
パン粉・バター	各小さじ1

[作り方]

1 具を炒める

鶏肉は塩、こしょう各少々をふる。フライパンにバターを中火で溶かし、鶏肉を皮目を下にして並べ入れる。1分ほど焼いて裏返し、かぶとマッシュルーム、玉ねぎを加えて2分ほど炒め合わせ、塩、こしょう各少々をふる。

2 粉と牛乳を加えて煮る

全体に小麦粉をふってなじませ、牛乳を2回に分けて加え、ゴムべらでそのつどよく混ぜながら、とろりとするまで3分ほど煮る。**A**で味をととのえる。

3 焼く

耐熱皿に入れてチーズを散らし、パン粉をふってバターをところどころにのせ、200℃のオーブンで15分ほど焼く。

36

[材料] 2人分

白菜（縦に細切り）	**250g**
かに風味かまぼこ（ほぐす）	**4本**（120g）
長ねぎ（斜め薄切り）	1/2本（50g）
バター	大さじ3
小麦粉	大さじ4
牛乳	2カップ
塩	小さじ1/3
こしょう	少々

トッピング

ピザ用チーズ	50g
パン粉・バター	各小さじ1
レモン（半分に切る）	1/2個

[作り方]

1 白菜を塩もみする

白菜はボウルに入れ、塩少々（分量外）を
ふってよくもむ。5分おき、水けをぎゅっとし
ぼる。

2 具を炒める

フライパンにバターを中火で溶かし、長ね
ぎを炒める。しんなりしたら **1** とかにかまを
加え、2分ほど炒める。

3 粉と牛乳を加えて煮る

全体に小麦粉をふってなじませ、牛乳を2
回に分けて加え、ゴムべらでそのつどよく混
ぜながら、とろりとするまで煮る。塩、こしょ
うで味をととのえる。

4 焼く

耐熱皿に入れてチーズを散らし、パン粉を
ふってバターをところどころにのせ、200℃
のオーブンで10〜15分焼く。レモンをし
ぼって食べる。

白菜とかにかまのグラタン

`200℃` `10〜15分`

かにかまのうまみが溶け出たソースが、白菜にとろりとからみます。
白菜は、繊維に沿って縦に細切りにすることで
シャキシャキの食感に。
仕上げにレモンをキュッとしぼって、酸味で味を引き締めます。

200℃ 15分

鶏むね肉とブロッコリーの
カレードリア

パサつきがちなむね肉も、小麦粉をまぶして焼けばしっとり。
細かく刻んだブロッコリーが、ソースと一体となってからみます。
ソースの下には、パラッと炒めたカレーピラフ風のごはん。
カレー粉を炒め、香りを立たせたところにごはんを加えるのがコツ。

[材料] 2人分

鶏むね肉（そぎ切り）	1/2枚	(120g)
A 塩・こしょう・小麦粉	各少々	
ブロッコリー（細かくざく切り）	1/3個	(100g)
玉ねぎ（薄切り）	1/4個	
バター・小麦粉	各大さじ2と1/2	
牛乳	1と1/2カップ	
温かいごはん	300g	
カレー粉	小さじ1	
B 塩	小さじ1/3	
こしょう	少々	
オリーブ油	小さじ2	

トッピング

ピザ用チーズ	50g
パン粉・バター	各小さじ1

[作り方]

1 ごはんに下味をつける

フライパンにオリーブ油を中火で熱し、カレー粉を炒める。ごはんを加えて炒め、全体に混ざったら**B**で味をととのえる。バター（分量外）を薄く塗った耐熱皿に入れる。

2 具を炒める

鶏肉は**A**の塩、こしょうをふり、小麦粉を薄くはたく。**1**のフライパンをキッチンペーパーでふいて中火でバターを溶かし、鶏肉を入れて両面1分30秒ずつ焼く。ブロッコリーと玉ねぎを加え、しんなりするまで炒め合わせる。

3 粉と牛乳を加えて煮る

全体に小麦粉をふってなじませ、牛乳を2回に分けて加え、ゴムべらでそのつどよく混ぜながら、とろりとするまで煮る。塩、こしょう（分量外）で味をととのえる。

4 焼く

1に**3**をかけてチーズを散らし、パン粉をふってバターをところどころにのせ、200℃のオーブンで15分ほど焼く。

PART 2 — FRYING PAN GRATIN

39

かぼちゃとミートボールの カレークリームグラタン

200℃ / 15分

スパイシーながらもマイルドなカレークリームソースが
ほくほくやさしい甘さのかぼちゃと好相性。
隠し味のウスターソースで、味に奥行きが出ます。
ミートボールはあえてざっくり形作り、ゴロッとした食感に。

かぼちゃ（皮つきのまま1.5cm角に切る）	150g
合いびき肉	200g
A　塩	小さじ1/3
こしょう・ナツメグパウダー	各少々
玉ねぎ（薄切り）	1/4個
バター	大さじ3
小麦粉	大さじ4
カレー粉	大さじ1
牛乳	2カップ
ウスターソース	小さじ1
塩	少々
トッピング	
ピザ用チーズ	50g
パン粉・バター	各小さじ1

［作り方］

1　具を炒める

ひき肉は**A**を加えて混ぜる。フライパンにバターを中火で溶かし、かぼちゃを入れて転がしながら3分ほど焼く。玉ねぎを加え、1分ほど炒め合わせて端に寄せ、ひき肉をスプーンでひと口大ずつすくって落とし入れる a。2分ずつ焼いて転がし、全面に焼き色がつくまで焼く。

2　粉と牛乳を加えて煮る

全体に小麦粉とカレー粉をふってよく混ぜ、牛乳を2回に分けて加え、ゴムべらでそのつどよく混ぜながら、とろりとするまで3分ほど煮る。ウスターソースと塩で味をととのえる。

3　焼く

耐熱皿に入れてチーズを散らし、パン粉をふってバターをところどころにのせ、200℃のオーブンで15分ほど焼く。

ひき肉は、大きめのスプーンでひと口分ずつすくって落とし入れる。きれいに形作らなくても、ざっくりまとめればOK。

1 具を炒める

フライパンにバターを中火で溶かし、さつまいもを入れ、転がしながら3分ほど炒める。ソーセージと玉ねぎを加え、1分30秒ほど炒め合わせる。

2 粉と牛乳を加えて煮る

全体に小麦粉をふってなじませ、牛乳を2回に分けて加え、ゴムべらでそのつどよく混ぜながら、とろりとするまで3分ほど煮る。生クリームを加え混ぜ、クリームチーズも加えて@、さらに2分ほど煮る。塩、こしょうで味をととのえる。

3 焼く

耐熱皿に入れてチーズを散らし、パン粉をふってバターをところどころにのせ、200℃のオーブンで15分ほど焼く。

クリームチーズは完全に混ぜ溶かさず、少しかたまりが残るくらいのほうが存在感が出る。

[材料] 2人分

さつまいも（皮つきのまま2cm角に切り、水に5分さらす）

1/2本（150g）

ソーセージ（フォークなどでちぎる）	**3本**
玉ねぎ（2cm角に切る）	1/2個
バター	大さじ3
小麦粉	大さじ2
牛乳	1と1/2カップ
生クリーム	1/2カップ
クリームチーズ	100g
塩・こしょう	各少々

トッピング

ピザ用チーズ	50g
パン粉・バター	各小さじ1

200℃
15分

さつまいもとソーセージの
クリームチーズグラタン

軽やかな酸味のクリームチーズに、生クリーム。
2つのコクとうまみが重なる、リッチなグラタンです。
具は子どもが喜びそうな組み合わせですが、
シナモンをふるとぐっと香りよく、大人の味わいになります。

タコス風グラタン

スパイシーなチリコンカン風のミートソースと
野菜を重ねて焼くだけの手軽さなのに、とても華やか!
仲間とわいわい、ビールを片手に囲みたいグラタンです。
ちぎったレタスといっしょに食べたり、ライムをしぼっても美味。

豚ひき肉	200g
キドニービーンズ（水煮缶）	1/2缶（200g）
トマト（2cm角に切る）	1個
アボカド（2cm角に切る）	1個
玉ねぎ（2cm角に切る）	1/2個
にんにく（粗みじん切り）	1かけ

A	チリパウダー	小さじ1
	クミンシード	小さじ1/2
	塩	小さじ1/3
	こしょう	少々
	ウスターソース	小さじ2

オリーブ油	大さじ1

トッピング

トルティーヤチップス（割る）	40g
チェダーチーズ（スライス）	2～3枚

[作り方]

1 ミートソースを作る

フライパンににんにく、玉ねぎ、オリーブ油を入れて弱火で熱し、香りが立って、玉ねぎがしんなりするまで2分ほど炒める。ひき肉、キドニービーンズを加えて**A**をふり、さらに2分ほど炒める。

2 重ねて焼く

耐熱皿に **1** の半量を広げ、トマト、アボカド、トルティーヤチップス、残りの **1** の順に重ねる。チーズをちぎってのせ、200℃のオーブンで15分焼く。

ミートソースの半量、トマト、アボカドを順に重ね、割ったトルティーヤチップスを散らし、残りのミートソースを重ねる。

れんこんと焼きねぎ、メカジキのみそクリームグラタン

ほんのりみそが香る和風グラタン。ごはんによく合う一品です。
こんがりと焼きつけたねぎの香ばしさも、おいしさのポイント。
れんこんは、あえて水にさらさず、でんぷん質を残したほうが
加熱したときにねっちりとした食感に仕上がります。

[材料] 2人分

れんこん（薄切りにし、水にさらさない）	**150g**
長ねぎ（青い部分まで斜め薄切り）	**1本**
メカジキ（ひと口大に切る）	**2切れ**（180g）
塩・こしょう	各少々
バター	大さじ3
小麦粉	大さじ4
牛乳	1と1/2カップ
生クリーム	1/2カップ
みそ	小さじ2
トッピング	
ピザ用チーズ	50g
パン粉・バター	各小さじ1

[作り方]

1 具を炒める

メカジキは塩をふって10分ほどおき、水け
をふいてこしょうをふる。フライパンにバター
を中火で溶かし、長ねぎを焦がすように木
べらで押さえながら2分ほど炒める。メカジ
キを加え、両面を1分ずつ焼く。れんこん
を加えて2分ほど炒め合わせる。

2 粉と牛乳を加えて煮る

全体に小麦粉をふってなじませ、牛乳を2
回に分けて加え、ゴムべらでそのつどよく混
ぜながら、とろりとするまで煮る。生クリーム
を加え、みそも加えて混ぜ溶かし、火を止
める。

3 焼く

耐熱皿に入れてチーズを散らし、パン粉を
ふってバターをところどころにのせ、200℃
のオーブンで15分ほど焼く。

200℃ 15分

きのこと栗、
ひき肉のローズマリードリア

ふわりと香るローズマリーに、うまみたっぷりのきのこ、
やさしい甘さの栗と、組み合わせが絶妙！　ひき肉は、炒めるときに
ほぐしすぎないようにすると、肉らしい食感を楽しめます。
今回はドリアにしましたが、グラタンにすればワインのつまみにも。

しいたけ（石づきを除いて薄切り）	3枚
しめじ（根元を切り落としてほぐす）	1/2袋（50g）
甘栗	60g
豚ひき肉	150g
塩・こしょう	各少々
玉ねぎ（薄切り）	1/4個
ローズマリー	1枝
小麦粉・バター	各大さじ2と1/2
牛乳	1と1/2カップ
しょうゆ	小さじ1
温かいごはん	300g
A｜バター	小さじ2
｜塩・こしょう	各少々

トッピング

ピザ用チーズ	50g
パン粉・バター	各小さじ1

[作り方]

1 ごはんに下味をつける

ごはんは**A**を加えて混ぜ、バター（分量外）
を薄く塗った耐熱皿に入れる。

2 具を炒める

フライパンにバターを中火で溶かし、ひき肉
を入れて塩、こしょうをふり、1分30秒ほど
炒める。きのこと玉ねぎを加えて2分ほど、
きのこを木べらで押さえながら炒める。

きのこはへらでぎゅっと押さえながら、水分をとばすように
炒める。

3 粉と牛乳を加えて煮る

水分がとんだら全体に小麦粉をふってなじ
ませ、牛乳を2回に分けて加え、混ぜなが
らとろみがつくまで煮る。甘栗、ローズマリー
の葉をしごいて加え、3分ほど煮てしょうゆ
で味をととのえる。

4 焼く

1に**3**をかけ、チーズを散らす。パン粉を
ふってバターをところどころにのせ、200℃
のオーブンで15分ほど焼く。

200℃
15分

塩もみ大根とパセリ、ベーコンのグラタン

ごはんが進む、デイリーグラタン。
シャキシャキ、さっぱりとした大根に、
ベーコンのうまみと、パセリのさわやかな香りをまとわせます。
これはぜひ、おいしいベーコンで作ってほしい一品。

大根（細切り）	250g
塩	小さじ1/4
パセリ（みじん切り）	大さじ4
ベーコン（ブロック、1cm角の棒状に切る）	100g
バター	大さじ3
小麦粉	大さじ4
牛乳	1と1/2カップ
生クリーム	1/2カップ
A 塩	小さじ1/3
こしょう・ナツメグパウダー	各少々

トッピング

ピザ用チーズ	50g
パン粉・バター	各小さじ1

［作り方］

1 具を炒める

大根は塩をふってもみ、5分おいて水けを
ぎゅっとしぼる 。フライパンを中火で熱し、
油を引かずにベーコンを入れ、カリッとする
まで焼く。出てきた脂をキッチンペーパーで
ふき、バターを加えて溶かし、大根を加え
て2分ほど炒め、水けをとばす。

2 粉と牛乳を加えて煮る

全体に小麦粉をふってなじませ、牛乳を2
回に分けて加え、ゴムべらでそのつどよく混
ぜながら、とろりとするまで3分ほど煮る。
生クリームと**A**、パセリを加え、味をととのえ
る。

3 焼く

耐熱皿に入れてチーズを散らし、パン粉を
ふってバターをところどころにのせ、200℃
のオーブンで15分ほど焼く。

大根は塩もみし、水けをしっかりしぼっておくと、仕上がり
が水っぽくならない。

1 材料の下ごしらえをする

牡蠣は塩と片栗粉（ともに分量外）をふってもみ、流水でふり洗いする。水けをふいてAの塩、こしょうをふり、小麦粉を薄くはたく。ほうれん草は塩適量（分量外）を加えた熱湯でゆでて冷水にとり、水けをぎゅっとしぼって3cm長さに切る。

2 具を炒める

フライパンにバターを弱火で溶かし、Bを香りが立つまで炒める。中火にして牡蠣を加え、両面を1分ずつ焼き、酒をふる。ほうれん草を加えてさっと炒め合わせ、Cで味をととのえる。

3 粉と牛乳を加えて煮る

全体に小麦粉をふってなじませ、牛乳を2回に分けて加え、ゴムべらでそのつどよく混ぜながら、とろりとするまで3分ほど煮る。生クリームを加え、ひと煮する。

4 焼く

耐熱皿に入れてチーズを散らし、パン粉をふってバターをところどころにのせ、200℃のオーブンで15分ほど焼く。

長ねぎとにんにく、豆板醤の香りを引き出すように、弱火でじっくり炒める。

［ 材料 ］ 2人分

牡蠣（加熱用）		6個
A	塩・こしょう・小麦粉	各少々
ほうれん草（根元に十字の切り目を入れる）		
		1/3束（100g）
B	長ねぎ（斜め薄切り）	50g
	にんにく（みじん切り）	1/2かけ
	豆板醤	小さじ1/3
バター		大さじ3
酒		小さじ2
C	オイスターソース	大さじ1
	塩・こしょう	各少々
小麦粉		大さじ4
牛乳		1と1/2カップ
生クリーム		1/2カップ
トッピング		
ピザ用チーズ		50g
パン粉・バター		各小さじ1

200℃
15分

牡蠣_{（かき）}とほうれん草の
オイスターソースグラタン

ふっくら大粒な牡蠣に、甘みをたくわえたほうれん草。
寒い冬の食卓にぴったりの、ごちそうグラタンです。
豆板醬と香味野菜はじっくり炒めることで香りが立ち、
バターの香りと相まって奥行きのある味わいに仕上がります。

200℃
15分

塩サバと豆、セロリの
トマトグラタン

味が決まりやすい塩サバは、グラタンにも大活躍。
たっぷりのセロリを加えたさわやかなトマトソースに、
とろーりモッツァレラ、バジルと好相性です。
残ったソースにパンを浸してもおいしい!

[材料] 2人分

塩サバ（1㎝幅に切る）	1/2枚	（170g）
ミックスビーンズ（ドライパック）	100g	
A セロリ（筋を除いて葉ごと粗みじん切り）	1本	
玉ねぎ（薄切り）	1/4個	
にんにく（粗みじん切り）	1かけ	
トマト缶（手でつぶすかはさみで切る）		
	1/2缶	（200g）
オリーブ油	大さじ1	
塩	小さじ1/2	
こしょう	少々	
トッピング		
モッツァレラチーズ（ちぎる）	1個	（200g）
バジル	5～6枚	

[作り方]

1 具を炒める

フライパンにオリーブ油を中火で熱し、サバを皮目を下にして並べる。こんがり焼き色がついたら裏返して端に寄せ、**A**を加えて塩少々（分量外）をふり、しんなりするまで炒める。

2 トマト缶を加えて煮る

トマト缶と塩、こしょう、ミックスビーンズを加え、10分ほど煮る。

3 焼く

耐熱皿に入れてチーズをところどころにのせ、バジルの半量をのせて200℃のオーブンで15分ほど焼く。残りのバジルをのせる。

フライパンのあいたところに**A**の香味野菜を加えて炒め、しんなりしたらサバと炒め合わせる。

200℃
15分

ズッキーニととうもろこし、豚ひき肉のグラタン

ジューシーなズッキーニと甘いとうもろこしに、
青唐辛子のフレッシュな辛さが新鮮！
夏野菜のおいしさを堪能できる、新感覚のグラタンです。
隠し味のしょうゆで、ごはんにも合う味わいに。

[材料] 2人分

ズッキーニ (2cm角に切る)	1本
とうもろこし (実をそぐ→ⓐ)	1本
豚ひき肉	100g
玉ねぎ (薄切り)	1/4個
青唐辛子 (小口切り)	1本
塩・こしょう	各適量
バター	大さじ3
小麦粉	大さじ4
牛乳	1と1/2カップ
生クリーム	1/2カップ
A しょうゆ	小さじ1
塩	小さじ1/3

トッピング

ピザ用チーズ	50g
パン粉・バター	各小さじ1

[作り方]

1 具を炒める

ひき肉は塩、こしょう各少々をふる。フライパンにバターを中火で溶かし、ひき肉をさっと炒め、色が変わったらズッキーニととうもろこし、玉ねぎを加えて2分炒める。塩、こしょう各少々で味をととのえる。

2 粉と牛乳を加えて煮る

全体に小麦粉をふってなじませ、牛乳を2回に分けて加え、ゴムべらでそのつどよく混ぜながら、とろりとするまで3分ほど煮る。生クリーム、青唐辛子、Aを加えてさっと煮る。

3 焼く

耐熱皿に入れてチーズを散らし、パン粉をふってバターをところどころにのせ、200℃のオーブンで15分ほど焼く。

とうもろこしは長さを半分に切ってから、包丁で実をそぐ。

[200℃ / 15分] たたきえびと カリフラワーのグラタン

淡泊なカリフラワーに、えびのうまみがマッチ。
口当たりマイルドなカッテージチーズをのせて焼き上げます。
おつまみやおもてなしには、好みでオリーブを加えても。
残ったら、翌日はトーストにのせて食べるのもおすすめです。

[材料] 2人分

えび（ブラックタイガー、殻と背わたを除く）	**10尾**
カリフラワー（小房に分け、さらに2～4等分に切る）	**150g**
玉ねぎ（薄切り）	1/4個
A 白ワイン	大さじ1
塩・こしょう	各少々
バター	大さじ3
小麦粉	大さじ4
牛乳	1と1/2カップ
生クリーム	1/2カップ
B 塩	小さじ1/3
こしょう	少々
トッピング	
カッテージチーズ	50g

[作り方]

1 材料の下ごしらえをする

えびは塩水（分量外）で洗ってキッチンペーパーで水けをふき、包丁で細かくたたく@。**A**を加えてさっと混ぜる。

2 具を炒める

フライパンにバターを中火で溶かし、カリフラワーと玉ねぎを入れて2分ほど炒める。

3 粉と牛乳を加えて煮る

全体に小麦粉をふってなじませ、牛乳を2回に分けて加え、ゴムべらでそのつどよく混ぜながら、とろりとするまで3分ほど煮る。**1**と生クリームを加えてひと煮立ちさせ、**B**で味をととのえる。

4 焼く

耐熱皿に入れ、チーズをところどころにのせ⑥、200℃のオーブンで15分ほど焼く。

えびはざく切りにしてから包丁でミンチ状にたたき刻む。

ゴムべらなどでカッテージチーズをところどころにのせる。

[材料] 2〜3人分

長いも（1.5cm角に切る）	100g
しめじ（根元を切り落として1cm幅に切る）	
	1/2袋（50g）
豚こま切れ肉	120g
塩・こしょう	各少々
バター	大さじ4
小麦粉	大さじ3
牛乳	2カップ
辛子明太子（包丁でしごき出し、皮を除く）	
	1/2腹（30g）
温かいごはん	300g
A｜バター	小さじ2
｜塩・こしょう	各少々

トッピング
ピザ用チーズ	50g
パン粉・バター	各小さじ1

[作り方]

1 ごはんに下味をつける

ごはんは**A**を加えて混ぜ、バター（分量外）を薄く塗った耐熱皿に入れる。

2 具を炒める

豚肉は塩、こしょうをふる。フライパンにバターを中火で溶かし、長いも、豚肉を入れて2分ほど炒める。しめじを加え、さらに1分ほど炒める。

3 粉と牛乳を加えて煮る

全体に小麦粉をふってなじませ、牛乳を2回に分けて加え、ゴムべらでそのつどよく混ぜながら、とろりとするまで3分ほど煮る。明太子を加えて混ぜる。

4 焼く

1に**3**をかけてチーズを散らし、パン粉をふってバターをところどころにのせ、200℃のオーブンで15分ほど焼く。

長いもとしめじ、豚肉の明太クリームドリア

風味のよいバターライスに、濃厚な明太クリーム。
誰もが思わず笑顔になってしまう組み合わせです。
ほくほくの長いもに、しめじ、豚こまと
具だくさんで、食べごたえも満点。

250℃
5〜7分

ピペラード風グラタン

「ピペラード」とは、フランス・バスク地方の野菜の煮込み。
卵を落としたり、生ハムを添えて食べるスタイルにヒントを得ました。
キリッと冷やした白ワインとよく合います。
半熟卵をからめながらめし上がれ。

[材料] 2人分

赤パプリカ（縦5mm幅に切る）	**2個**
ピーマン（縦5mm幅に切る）	**1個**
トマト（ざく切り）	**1個**（200g）
玉ねぎ（薄切り）	1/4個
にんにく（粗みじん切り）	1/2かけ
A 赤ワインビネガー	小さじ1
塩	小さじ1/2
オリーブ油	大さじ1
パルミジャーノレッジャーノ	10g
卵	**2個**
パプリカパウダー	小さじ1/2
生ハム	**2枚**

[作り方]

1 具を炒める

フライパンにオリーブ油を弱火で熱し、玉ねぎとにんにくを入れて2分ほど、しんなりするまで炒める。パプリカ、ピーマン、トマトを加えて中火にし、3分ほど炒める。

2 調味する

トマトの皮が少しはじけたら**A**を加え、味をととのえる。

3 焼く

耐熱皿に入れ、パルミジャーノをピーラーで薄く削ってのせ、中央に卵を割り落とす。パプリカパウダーをふり、250℃のオーブンで5〜7分焼く。生ハムをちぎってのせる。

200℃
15分

焼きじゃがとキムチ、豚肉のグラタン

キムチ×チーズの相性のよさは言わずもがな。
うま辛＆マイルドな"ロゼクリーム味"は、韓国でも流行中です。
じゃがいもは大きめに割り、カリッと香ばしく
焼きつけるのが、おいしさのポイント。

[材料] 2人分

じゃがいも	2個
白菜キムチ（ざく切り）	80g
豚こま切れ肉	120g
塩・こしょう	各少々
長ねぎ（斜め薄切り）	1/2本
にら（4㎝長さに切る）	1/3束
バター	大さじ3
小麦粉	大さじ4
牛乳	2カップ
しょうゆ	小さじ1
トッピング	
ピザ用チーズ	50g
パン粉・バター	各小さじ1

[作り方]

1 材料の下ごしらえをする

じゃがいもは皮つきのままよく洗い、ラップに包んで電子レンジ（600W）で3分加熱する。上下を返してさらに3分加熱し、粗熱をとって皮をむき、大きく割る。

2 具を炒める

フライパンにバターを中火で溶かし、豚肉を加えて塩、こしょうをふり、さっと炒める。端に寄せて **1** を加え、途中で上下を返して1分半ずつこんがりと焼く。キムチと長ねぎを加えてさっと炒め合わせる。

じゃがいもはあまり動かさずじっくり焼いて、割れ目に焼き色をつける。

3 粉と牛乳を加えて煮る

全体に小麦粉をふってなじませ、牛乳を2回に分けて加え、ゴムべらでそのつどよく混ぜながら、とろりとするまで3分ほど煮る。にらを加えてさっと混ぜ、しょうゆで味をととのえる。

4 焼く

耐熱皿に入れてチーズを散らし、パン粉をふってバターをところどころにのせ、200℃のオーブンで15分ほど焼く。

| 200℃ |
| 15分 |

グリーン野菜とツナの
レモングラタン

彩りのよい緑野菜とツナを組み合わせ、地中海風のグラタンに。
豆乳ベースのさらりと軽やかなソースに、
クリーミーなカマンベールチーズがよく合います。
レモンのおかげで、あと味さっぱり。

ブロッコリー（小さめの小房に分ける）	80g
いんげん（4cm長さに切る）	4本
グリーンアスパラガス（根元を落とし、皮をむいて斜め切り）	2本
玉ねぎ（薄切り）	1/4個
ツナ缶	小1缶（100g）
A 塩	小さじ1/4
レモン汁	大さじ1
バター・小麦粉	各大さじ2と1/2
豆乳（成分無調整）	2カップ
塩	小さじ1/2
トッピング	
カマンベールチーズ（ちぎる）	1個（90g）
レモン（薄切り）	2枚

[作り方]

1 具を炒める

フライパンにバターを中火で溶かし、ブロッコリー、いんげん、アスパラ、玉ねぎを入れて2分ほど炒める。**A**をふって混ぜる。

2 粉と豆乳を加えて煮る

全体に小麦粉をふってなじませ、豆乳を2回に分けて加え、ゴムべらでそのつどよく混ぜながら、とろりとするまで3分ほど煮る。ツナをほぐしながら加えてさっと煮て、塩で味をととのえる。

3 焼く

耐熱皿に入れ、チーズをところどころにのせ、レモンをのせて200℃のオーブンで15分ほど焼く。

200℃
15分

サーモンと豆腐の
梅クリームグラタン

サーモンを、ちょっぴり和風の変わりグラタンに。
塩をふって水分が抜けた豆腐は、むっちりとした食感。
生クリームと合わせると、とろけるようななめらかさです。
濃厚な味わいの中に、梅の酸味が効いています。

サーモン（ひと口大に切る）	**2切れ**（160g）
絹ごし豆腐（1cm幅に切る）	**1/2丁**（150g）
玉ねぎ（薄切り）	1/4個
塩・小麦粉	各適量
生クリーム	1カップ
梅肉	大さじ1/2
バター	大さじ1
トッピング	
ピザ用チーズ	40g

[作り方]

1　材料の下ごしらえをする

サーモンは両面に塩少々をふり、10分おい
て出てきた水けをふく。豆腐は厚手のキッ
チンペーパーに並べ、両面に塩小さじ1/4
をふり、15分ほどおいて小麦粉を薄くはた
く a。

2　具を炒める

フライパンにバターを中火で溶かし、サーモ
ンを並べ入れて1分焼く。上下を返して端
に寄せ、玉ねぎを加えてさっと炒める。

3　生クリームを加えて煮る

生クリームと梅肉を加えて弱めの中火にし、
ゴムべらでよく混ぜながら、とろりとするまで
1～2分煮る。

4　焼く

耐熱皿に 1 の豆腐を並べて 3 をかける。
チーズを散らし、200℃のオーブンで15分
焼く。

茶こしなどを使って、豆腐の両面に薄く小麦粉をまぶす。

グラタンの日のおいしいサラダ❷

グラタンの日は"一品入魂"したいから、副菜は野菜1つで作れるシンプルなサラダがうれしい。

生カリフラワーのサラダ

生のカリフラワーのポリポリとした食感が小気味よい。
甘酸っぱいキウイドレッシングがよく合います。

グリーンサラダ

どんなグラタンにも寄り添う万能サラダ。
レタスがシャキッとみずみずしい。

[材料] 2人分

カリフラワー	1/3株（100g）
A キウイフルーツ	1個
オリーブ油	大さじ3
酢	大さじ1
はちみつ	小さじ2
塩	小さじ1/4

[材料] 2人分

ロメインレタス	4枚
A ホワイトバルサミコ酢・オリーブ油	各大さじ1
塩	小さじ1/3
こしょう	少々

[作り方]

1 キウイはすりおろし、ほかの**A**と混ぜる。

2 カリフラワーは小房に分けてから1cm厚さに切る。器に並べ、**1**をかける。

[作り方]

1 レタスはざく切りにして水に放ち、パリッとさせて水けをきる。器に盛り、混ぜ合わせた**A**をかける。

第**3**章

野菜1つの
心躍る副菜グラタン

たくさんの具を用意しなくても、
おいしい野菜が1つあれば、今夜はグラタン！
副菜になる気軽なものから、
食べごたえのあるひと皿まで、
野菜が堂々主役の
おいしいグラタンをご紹介しましょう。

グラタンに合う野菜って？

おいしく野菜を食べられるのも、グラタンの魅力です。
高温のオーブンで焼くのに向いているのはこんな野菜。
野菜嫌いのお子さんも、グラタンにしたらきっと喜んでくれるはず。

◎食感のあるもの

じゃがいも、さつまいも、長いもなど、加熱するとほくほくとした食感を楽しめる野菜はグラタンにぴったり。また、れんこんのシャキッ、アボカドのとろ〜り、などもホワイトソースと好相性です。

◎甘みのあるもの

にんじんやかぼちゃ、さつまいもなど加熱すると甘みが増す野菜や、パプリカ、かぶなどジューシーでみずみずしい甘さを堪能できる野菜もグラタン向き。甘みが増す冬のほうれん草もグラタンには欠かせない野菜です。

◎そして、大きく切る！

食感を楽しみたいなら、野菜は大ぶりに切るのがおすすめ。たとえば、にんじんやパプリカは縦半分に、かぶは4〜6等分のくし形切りに、玉ねぎは大胆にまるごと！こうすることで、野菜の甘みやうまみもより感じられます。

かけるだけ・のせるだけ グラタン

ホワイトソース不要！ 副菜だからもっと気軽に

「グラタン」の語源の「グラチネ」は、オーブンで加熱し、表面にこんがりとした
焼き色をつける調理法のこと。ソースなしでも、いいんです！

生クリームで…

代表的なのが「グラタン・ドフィノワ」（→p.74）。生クリームをかけ、チーズをのせて焼くだけで、とろりと濃厚なグラタンになります。生クリームは好みでかまいませんが、乳脂肪分35％程度のものがおすすめ。

サワークリームで…

クリームを乳酸菌で発酵させたサワークリームは、濃厚な中にもさわやかな酸味があります。具材となじみやすいのも◎！

クリームチーズで…

クリームチーズは、熟成させないフレッシュチーズ。軽やかな酸味となめらかな舌触りはサワークリームにも似ていますが、より軽やかな仕上がりになります。

マヨネーズで…

味が決まりやすいマヨネーズ。野菜にしぼって焼くだけで、気軽なグラタンになります。

チーズで…

グリュイエールチーズやパルミジャーノレッジャーノは、すりおろしたり、削ってのせたりして焼き上げます。もちろん、ピザ用チーズや粉チーズを使ってもOKです。

グラタン・ドフィノワ

フランスでは肉料理のつけ合わせとして
食べられているシンプルなポテトグラタン。
ホワイトソースいらず、
生クリームをかけて焼くだけの
手軽さなのに、抜群のおいしさ！
にんにくアンチョビ風味のクリームも、
余さずパンに吸わせてどうぞ。

[材料] 2人分

じゃがいも（5mm厚さの薄切りにし、水にさらさない）	
	2個（300g）
アンチョビフィレ	2枚
塩・こしょう	各適量
生クリーム	1カップ
にんにく（すりおろし）	1かけ
トッピング	
グリュイエールチーズ（すりおろし）	60g

[作り方]

1 じゃがいもを並べる

じゃがいもは、バター（分量外）を薄く塗っ
た耐熱皿に並べる。一段並べたらアンチョ
ビを適量ちぎり入れ、塩、こしょうを各少々
ふり、さらにじゃがいもを重ねる。これを何
度かくり返す。

2 焼く

生クリームとにんにくを混ぜ合わせて **1** に
かけ、チーズを散らし、200℃のオーブンで
25分ほど焼く。

[材料] 2人分

さつまいも（皮つきのまま乱切りにし、水にさらさない）

		1本
A	生クリーム	1カップ
	ロースハム（みじん切り）	3枚
	シナモンパウダー	少々
	にんにく（すりおろし）	1/2かけ
	塩	小さじ1/3
	こしょう	少々

トッピング

グリュイエールチーズ（すりおろし） 50g

[作り方]

1　シナモンクリームを作る

Aはよく混ぜ合わせる。

2　焼く

さつまいもは耐熱皿に入れて **1** をかけ、チーズを散らす。200℃のオーブンで25〜30分、竹串がスッと通るまで焼く。

200℃
25〜30分

さつまいもの
シナモンクリームグラタン

ほくほくのさつまいもに、シナモンが甘く香る生クリーム。
まるでデザートのような組み合わせですが、
みじん切りにしたハムの塩けが絶妙！
甘じょっぱい味わいがくせになります。

200℃
20分

れんこんとツナのトマトグラタン

トマトソースいらずの気軽なデイリーグラタン。
れんこんは薄切りにすることで、加熱しても
シャキシャキとした小気味よい食感をキープ。
トマト缶にはツナ＋玉ねぎを混ぜてうまみを加えます。

[材料] 2〜3人分

れんこん（皮ごと薄切り、水にさらさない）
　　　　　　　　　　　　　　　200g

ツナ缶（油をきり、ほぐす）　1缶（100g）

A｜トマト缶（トマトをはさみで切るか
　　　手でつぶす）　　　1/2缶（200g）
　　玉ねぎ（粗みじん切り）　　1/4個
　　塩　　　　　　　　　　　小さじ1/2
　　こしょう　　　　　　　　　　少々
　　オリーブ油　　　　　　　　大さじ1

トッピング

ピザ用チーズ　　　　　　　　　　80g
パン粉・オリーブ油　　　　　　各小さじ1

[作り方]

1 材料の下ごしらえをする

ツナと**A**はよく混ぜる。

2 耐熱皿に並べる

耐熱皿にオリーブ油（分量外）を薄く塗り、れんこんの半量を平らに並べる。**1**の半量をのせ、チーズの半量を散らす。れんこん、**1**、チーズの順にもう一度重ねる。

3 焼く

パン粉をふってオリーブ油をまわしかけ、200℃のオーブンで20分焼く。

アボカドの
レモンガーリックグラタン

まったりとクリーミーなアボカドに、
レモンとにんにくで香りづけしたクリームチーズがよく合います。
上にのせて焼き上げたベーコンの塩けと
カリカリとした食感もアクセントに。

[材料] 2人分

アボカド（縦半分に切って種を除く）		1個
ベーコン		2枚
A	クリームチーズ	60g
	アンチョビフィレ（たたく）	2枚
	レモンの皮（すりおろし）	少々
	にんにく（すりおろし）	1/2かけ
	塩	小さじ1/3
粗びき黒こしょう		少々

[作り方]

1 フィリングを作る

クリームチーズはボウルに入れてゴムべらでやわらかく練り、残りの **A** を加えてよく混ぜる。

2 アボカドに詰める

アボカドのくぼみに **1** をこんもりと詰める。

3 焼く

2 を耐熱皿に入れてベーコンをのせ ⓐ、200℃のオーブンで10分ほど焼く。黒こしょうをふる。

アボカドの種のあったくぼみに、フィリングを詰め、ベーコンをのせる。

ざく切り
カリフラワーの
グラタン

濃厚なホワイトソースに、ピクルスと
粒マスタードでさわやかな酸味をプラス。
食欲を誘います。小さめに刻んで、
ソースと一体となったカリフラワーが
ほくほくとして思わず笑顔になるおいしさです。

[材料] 2人分

カリフラワー（小さめのざく切り）	**1/3株**（100g）
ホワイトソース（→p.10参照）	全量（400㎖）
ピクルス（小口切り）	2本
粒マスタード	小さじ1
トッピング	
グリュイエールチーズ（すりおろし）	60g
パン粉・バター	各小さじ1

[作り方]

1 材料の下ごしらえをする

カリフラワーとホワイトソース、ピクルス、粒
マスタードはよく混ぜる。

2 焼く

耐熱皿に入れてチーズを散らし、パン粉を
ふってバターをところどころにのせ、200℃
のオーブンで20分焼く。

$$\frac{180℃}{25分} + \frac{200℃}{10分}$$

玉ねぎのおかかクリーム焼き

おかか＋クリームチーズは、うまみのかたまり！
皮つきのまままるごと焼いて、甘みとみずみずしさを
閉じ込めた玉ねぎに、たっぷり詰めて焼き上げます。
1人1個、ペロリといけるおいしさです。

[材料] 2人分

玉ねぎ（皮つきのまま、半分くらいまで十字に切り目を入れる）　**2個**

A	クリームチーズ	80g
	しょうゆ	小さじ1/2
	かつお節	1パック（4g）

[作り方]

1 玉ねぎを下焼きする

玉ねぎはアルミホイルに1つずつ包み、180℃のオーブンで25分ほど焼く。

2 おかかクリームを詰めて焼く

アルミホイルを開き、混ぜ合わせた**A**を玉ねぎの切り目に等分に詰め@、200℃のオーブンでさらに10分焼く。

玉ねぎに先に火を通してから、おかかクリームを詰めて仕上げる。

180℃ / 15分 アスパラと卵のグラタン

気分も華やぐ春色のグラタン。
アスパラと卵のゴールデンコンビを、マヨ＋チーズで
子どもも喜ぶ味わいに仕上げました。半熟卵をくずし、
ソースのようにとろりとからめながらめし上がれ。

[材料] 2人分

グリーンアスパラガス（根元のかたい部分を折り、皮をむいて根元はつぶす）

6本

A	オリーブ油	適量
	塩	小さじ1/4
	こしょう	適量
卵		2個
マヨネーズ		大さじ4
パルミジャーノレッジャーノ		20g
粗びき黒こしょう		適量

[作り方]

1 材料の下ごしらえをする

アスパラは **A** を加えてさっとあえ、耐熱皿に並べる。

2 焼く

卵を割り入れ、マヨネーズをところどころにのせ、パルミジャーノを削って散らす。180℃のオーブンで15分ほど焼き、黒こしょうをふる。

200℃
15分

ほうれん草の
サワークリーム
グラタン

寒い季節にうまみと甘みが増すほうれん草。
サワークリームの軽やかな酸味とコクを
まとわせ、にんにくでパンチを効かせれば、
副菜にも白ワインのおつまみにも
ぴったりのグラタンになります。

[材料] 2人分

ほうれん草	1束 (300g)
A サワークリーム	160g
にんにく (すりおろし)	1/2かけ
塩	小さじ1/2

[作り方]

1 材料の下ごしらえをする

鍋に湯を沸かして塩少々(分量外)を加え、
ほうれん草をさっとゆでて冷水にとる。水
けをぎゅっとしぼり、4cm長さに切る。

2 ソースを混ぜる

Aはよく混ぜ合わせる。

3 焼く

耐熱皿に **1** を入れて **2** をかけ、200℃の
オーブンで15分ほど焼く。

PART 3 —— VEGETABLE GRATIN

85

[材料] 2人分

かぶ（葉を3cmほど残し、4〜6等分のくし形切り）

	4個
塩・こしょう	各少々
オリーブ油	小さじ2
白ワイン	大さじ1
A パン粉	大さじ3
アンチョビフィレ（細かくたたく）	2枚
ミックスハーブ	小さじ1
オリーブ油	大さじ3
にんにく（すりおろし）	1/2かけ
レモンの皮（すりおろし）	少々

トッピング

パルミジャーノレッジャーノ	40g

[作り方]

1 材料の下ごしらえをする

かぶは塩、こしょうをふり、オリーブ油を加えて混ぜる。耐熱皿に並べ入れ、白ワインをふる。

2 焼く

Aをよく混ぜ、1 にかける。パルミジャーノを削って散らし、200℃のオーブンで15分焼く。

$$\boxed{\frac{200℃}{15分}}$$

かぶの ハーブパン粉焼き

アンチョビのうまみと塩け、ハーブの香りが
かぶのみずみずしくやさしい味わいを引き立てます。
少量加えた、レモンの皮もアクセント。
パン粉のカリッと香ばしい焦げ目もごちそうです。

長いもの
ねぎクリーム
グラタン

ねぎの風味が溶け込んだ
和風ホワイトソースが、
サクサク、ほくほくの長いもにからみます。
隠し味のみそは、ソースに混ぜ込まず
あえてところどころにのせることで
味の濃淡を演出します。

[材料] 2人分

長いも（皮つきのまま2cm角に切る）	200g
小ねぎ（小口切り）	5本
ホワイトソース（→p.10参照）	全量（400ml）
みそ	小さじ1
トッピング	
ピザ用チーズ	40g
パン粉・バター	各小さじ1/2

[作り方]

1 ねぎクリームソースを作る

ホワイトソースを作り、小ねぎを加えて混ぜ
る。

2 焼く

耐熱皿に 1 の半量を入れて長いもをのせ、
みそを少しずつのせる 。残りの 1 をかけ
てチーズを散らし、パン粉をふってバターを
ところどころにのせる。200℃のオーブンで
15分焼く。

みそは全体に均一に混ぜるより、数か所にのせることで味
のアクセントになる。

180℃ / 20分

パプリカのコンビーフ詰め焼き

甘くジューシーなパプリカに、
からしマヨ味のコンビーフをたっぷり詰めて。
見た目もかわいらしく、食卓がパッと華やぐ一品です。
上に散らしたアーモンドの軽快な歯ざわりも◎。

[材料] 2人分

赤・黄パプリカ
（縦半分に切って種を除く） **各1個**

A	コンビーフ（ほぐす）	
		2缶（200g）
	玉ねぎ（粗みじん切り）	
		1/4個
	マヨネーズ	大さじ4
	からし	小さじ2
	しょうゆ	小さじ1
スライスアーモンド		小さじ2
パプリカパウダー		少々
オリーブ油		小さじ2

[作り方]

1 フィリングを詰める

Aはよく混ぜ合わせ、パプリカに詰めてアーモンドを散らす。

2 焼く

1を耐熱皿に入れ、パプリカパウダーをふり、オリーブ油をまわしかける。180℃のオーブンで20分焼く。

180℃ / 25〜30分

にんじんのクミンバター焼き

にんじんは、大ぶりに切ってオーブンで焼くとほくほく！
バターの塩けに、仕上げのメープルシロップ。
甘じょっぱい組み合わせで、おやつのような、
つまみのような……新感覚のひと皿です。

[材料] 2人分

にんじん（縦半分に切り、斜めに切り目を入れる）	**2本**
バター	大さじ3
クミンシード	小さじ1
メープルシロップ	適量
塩	少々

[作り方]

1 材料の下ごしらえをする

天板にオーブンシートを敷いてにんじんを並べ、バターをところどころにのせ、クミンをふる。

2 焼く

180℃のオーブンで25〜30分焼く。

3 メープルシロップをかける

竹串がスッと通るようになったらとり出して器に盛り、メープルシロップをかけ、塩をふる。

| 180℃ |
| 15分 |

+

| 200℃ |
| 10分 |

キャベツの
サーモングラタン

甘みをたくわえた冬のキャベツでぜひ試したいグラタンです。
サーモンのうまみが溶け込んだホワイトソースを
葉の間にたっぷりはさんでオーブンへ。
レモンをしぼり、酸味をプラスして。

[材料] 2人分

キャベツ（芯を除き、半分のくし形に切る）
　　　　　　　　　　　　1/4個（300g）

スモークサーモン（たたく）　　　3枚

ホワイトソース（→p.10参照）　全量（400㎖）

レモン　　　　　　　　　　　1/2個

トッピング

パルミジャーノレッジャーノ　　　50g

[作り方]

1　サーモンホワイトソースを作る

ホワイトソースを作り、粗熱がとれたらサーモンを加えて混ぜる。

2　焼く

耐熱皿にキャベツを入れ、葉の間に **1** をはさみ[a]、パルミジャーノを削って散らす。180℃のオーブンで15分ほど焼き、200℃に上げてさらに10分焼く。レモンをしぼって食べる。

大きめのスプーンで、キャベツの葉の間にソースを詰める。残ったら上からかけてもよい。

グラタンの日のおいしいサラダ❸

味の系統が違う、エスニックやアジアンな組み合わせのサラダも、グラタンのよき相棒になってくれます！

きゅうりと 揚げカシューナッツのサラダ

辛みと酸味をまとったきゅうりに、
カリッと揚げたカシューナッツの食感も◎。

香菜とピーマンのサラダ

個性的な香りの香菜に、青い香りのピーマン。
くせのある野菜を組み合わせて、さっぱりと。

[材料] 2人分

きゅうり	2本
塩	小さじ1/3
カシューナッツ（食塩不使用）	50g
揚げ油	適量
A 粗びき粉唐辛子・酢	各小さじ2
砂糖	小さじ1/2

[作り方]

1 きゅうりはピーラーで皮をしま目にむき、塩を
ふって板ずりし、包丁でそぐように乱切りにす
る。そのまま10分おき、水けをぎゅっとしぼる。

2 フライパンに油を熱し、カシューナッツをこんが
りと色づくまで素揚げにする。

3 ボウルに**A**を合わせ、**1**、**2**を加えてあえる。

[材料] 2人分

香菜	1束
ピーマン	1個
A 太白ごま油	大さじ1と1/2
酢・しょうゆ	各小さじ2
砂糖	ひとつまみ

[作り方]

1 香菜は3cm長さに切り、ピーマンは縦にせん
切りにする。合わせて水に5分さらし、水けを
きる。

2 **1**をボウルに入れ、混ぜ合わせた**A**を加えて
あえる。

第 **4** 章

ちょっと大人な
おつまみグラタン

ビストロやワインバーのメニューに
ありそうなグラタンをイメージ！
スパイスやハーブ、少しクセのある
ブルーチーズなどを組み合わせて
お酒が進む味わいに仕上げました。

200℃
20分

ラム肉の
スパイシートマトグラタン

クミンやコリアンダー、さらに五香粉の複雑な香りで
ラム肉の強い風味に負けないトマトソースに。
ときどき現われるレーズンの酸味と甘みが、
コクと奥行きをもたらします。

ラム焼き肉用肉 (ひと口大に切る)	150g

A	クミンシード	小さじ1/2
	コリアンダーシード	小さじ1
	にんにく (すりおろし)	1/2かけ
	セロリ (粗みじん切り)	1/2本 (50g)
	塩	小さじ1/2

赤ワイン	大さじ3
トマトソース (→p.11参照)	約半量 (200㎖)
レーズン	大さじ2 (30g)
五香粉	小さじ1/3
オリーブ油	大さじ2
ペコリーノロマーノ (またはパルミジャーノレッジャーノ)	50g

[作り方]

1 ラム肉に下味をつける

ボウルに**A**を混ぜ合わせ、ラム肉を漬けて室温に20分ほどおく。

2 炒め煮にする

フライパンにオリーブ油を中火で熱し、**1**を2分30秒ほど炒める。赤ワインをふり、トマトソースとレーズンを加え、弱めの中火で15分ほど煮る。五香粉を加え、さっと混ぜる。

3 焼く

2を耐熱皿に入れ、オリーブ油 (分量外) をまわしかけ、ペコリーノを削ってのせる。200℃のオーブンで20分焼く。

200℃
15分

牡蠣（かき）のブルーチーズグラタン

濃厚でクリーミーな牡蠣に、
独特の香りがくせになるブルーチーズ。
どうしたってワインに手がのびてしまう組み合わせです。
ミネラル感のある白ワインといっしょにぜひ！

[材料] 2人分

牡蠣（加熱用）	6個
塩・こしょう	少々
ブルーチーズ（ちぎる）	80g
ホワイトソース（→p.10参照）	
	1/2量（200㎖）

[作り方]

1 材料の下ごしらえをする

牡蠣は塩と片栗粉（ともに分量外）を
ふってもみ、流水でふり洗いする。水
けをふいて塩、こしょうをふる。

2 焼く

耐熱皿にホワイトソースの半量を入れ
てチーズと **1** をのせ、残りのホワイト
ソースをかける。200℃のオーブンで
15分焼く。

220℃
10分

ほたてのピクルスグラタン

プリッと肉厚なほたてに、
ピクルス入りのタルタルのようなソースがよく合います。
カリカリに焼いたトーストやバゲットにのせて
食べるのもおすすめです。

[材料] 2人分

ほたて貝柱（生食用）	6個（150g）	
塩・こしょう	各少々	
A	クリームチーズ	100g
	マスタード	小さじ1
	生クリーム	大さじ2
	ピクルス（刻む）	4本
	塩・こしょう	各少々
パン粉	小さじ1	

[作り方]

1 材料の下ごしらえをする

ほたては塩、こしょうをふり、耐熱皿に入れる。

2 焼く

クリームチーズはボウルに入れてゴムべらでやわらかく練り、残りの**A**を加えてよく混ぜる。**1**にかけてパン粉をふり、220℃のオーブンで10分ほど焼く。

いわしの
パクチーパセリ焼き

180℃ 25分

キンキンに冷やしたスパークリングワインと合わせたい
夏のおつまみグラタン。青唐辛子の辛さも刺激的です。
パクチーだけ、パセリだけでもよいのですが、組み合わせると
香りもおいしさも倍増！　好みでライムをしぼっても。

[材料] 2～3人分

いわし	小6尾
塩・こしょう	少々
A	**香菜**（粗く刻む）	**4株**
	パセリ（粗みじん切り）	**大さじ4**
	オリーブ油	大さじ1
	青唐辛子（小口切り）	1本
	松の実	大さじ2
	にんにく（すりおろし）	1/2かけ分
オリーブ油	小さじ2
粉チーズ	大さじ2

[作り方]

1 材料の下ごしらえをする

いわしは頭と内臓を除き、塩分3％の塩水（分量外）に10分ほどつけて水けをふく。耐熱皿に向きを交互に並べ、塩、こしょうをふる。

2 パクチーパセリを詰める

松の実はフライパンに入れ、弱めの中火で5分ほどからいりし、残りの**A**と混ぜ合わせる。いわしの腹に等分に詰め[a]、オリーブ油をまわしかけ、チーズをふる。

3 焼く

180℃のオーブンで25分ほど焼く。

いわしの腹の間にパクチーパセリを詰める。はみ出てもよいし、残ったら上にかけてもOK。

玉ねぎ のアンチョビタルト

たっぷりの玉ねぎが甘く、とろとろで、
まるで濃厚なオニオングラタンスープを食べているよう。
アンチョビの塩けや、くるみの食感も相まって
お酒が進む味わいです。

[材料] 2人分

バゲット（器に合わせて7mm厚さの斜め切り）	**1/2本**
玉ねぎ（薄切り）	**2個**（400g）
にんにく（みじん切り）	1/2かけ
くるみ（粗みじん切り）	15g
塩	小さじ1/4
しょうゆ	小さじ1
小麦粉	大さじ1
A | 生クリーム	1/2カップ
| 溶き卵	1個分
バター	大さじ1
トッピング	
グリュイエールチーズ（すりおろし）	80g
アンチョビフィレ（ちぎる）	2枚

[作り方]

1 バゲットを焼く

バゲットはオーブントースターか魚焼きグリルでカリッと焼き、耐熱皿に敷き詰める。

2 玉ねぎを炒める

フライパンにバターを強めの中火で溶かし、玉ねぎとにんにくを炒める。塩をふり、こんがりと色づいてきたら中火にしてさらに6〜7分炒める。しょうゆを中央に加えてジュッと焦がし、全体に混ぜ、くるみと小麦粉も加えて混ぜる。

3 焼く

Aを加えてひと混ぜし、**1**に流し入れる。アンチョビとチーズを散らし、180℃のオーブンで25分焼く。

バゲットをタルトの土台のように敷き詰め、炒めた玉ねぎを上に流し入れる。切り分けるときも、タルトのように放射状にカットするとよい。

180℃

20分

マッシュルームと
ミニトマトの
モッツァレラグラタン

コロコロの具材を組み合わせた
見た目にもかわいらしいグラタンです。
生のタイムを使って香りよく仕上げました。
白ワインを片手に、ちびちびつまんで。

[材料] 2人分

ブラウンマッシュルーム	
（キッチンペーパーで汚れをふく）	**6個**
ミニトマト（へたを除く）	**6個**
ブラックオリーブ	6個
モッツァレラチーズ（ひと口サイズ）	100g
A タイム（生）	5〜6本
にんにく（すりおろし）	少々
アンチョビフィレ（ちぎる）	1枚
パン粉	大さじ2
塩	小さじ1/3
こしょう	少々
オリーブ油	大さじ1

[作り方]

1 材料の下ごしらえをする

マッシュルーム、ミニトマト、オリーブ、モッ
ツァレラチーズを耐熱皿に入れ、混ぜ合わ
せた**A**と塩、こしょうをふり、オリーブ油をま
わしかける@。

2 焼く

180℃のオーブンで、トマトの皮がはじける
まで20分ほど焼く。

サラダに使うことの多い、コロコロのモッツァレラチーズ。
小さな器で作るグラタンにはちょうどよいサイズで使いやす
く、おすすめ。

ホワイトソースで卵を挟
むことで、どこを食べて
もおいしい！

200℃ / 20分 + 180℃ / 20分 **卵だけ**グラタン

いつもの卵が、こんなにごちそう感のあるグラタンに！
ほくほくの卵にホワイトソースがとろりとからんで、
まるで最上級の卵サラダのよう。
やさしい味なので、好みでチリペッパーなど辛みを足しても。

[材料] 2〜3人分

卵	6個
ホワイトソース（→p.10参照）	
	全量（400㎖）
塩	ひとつまみ

トッピング

グリュイエールチーズ（すりおろし）	60g
パン粉・バター	各小さじ1
パセリ（みじん切り）	少々

[作り方]

1 卵をゆでる

卵はかぶるくらいの水とともに鍋に入
れて中火にかけ、沸騰してから9分
ゆでて冷水にとり、殻をむいて手で大
きく割る。

2 焼く

耐熱皿にホワイトソースの半量を入れ
て **1** をのせ、塩をふる。残りのホワイ
トソースをかけ、チーズを散らし、パ
ン粉をふってバターをところどころに
のせる。200℃のオーブンで20分焼
き、パセリをふる。180℃のオーブン
で20分焼く。

200℃ / **15分**

レンズ豆とソーセージの トマトソース焼き

ひなたくさいレンズ豆に、
アニスやクローブなどが香る五香粉がエキゾチック。
レンズ豆は水煮缶を使えば、思い立ったときにすぐ作れます。
ソーセージは、辛みのあるチョリソータイプがおすすめ。

[材料] 2〜3人分

レンズ豆（水煮缶）

1/2缶（200g）

トマトソース（→p.11参照）

約半量（200㎖）

A	五香粉	小さじ1/3
	オリーブ油	大さじ1
	塩	小さじ1/3

ソーセージ（チョリソー）　**4本**

パルミジャーノレッジャーノ

30g

[作り方]

1 材料の下ごしらえをする

レンズ豆は水けをきってボウルに入れ、
トマトソース、**A**を加えてよく混ぜる。

2 焼く

1を耐熱皿に入れてソーセージを並
べ、パルミジャーノを削ってのせる。
200℃のオーブンで15分焼く。

フジッリの
セージレモン
グラタン

ワインバルにありそうな、パスタグラタン。
レモンは果汁だけでなく果肉も使って、
キュンと酸味をきわ立たせて。
濃厚な生クリームにセージの香りが
加わることで、ワインに寄り添う一品になります。

[材料] 2人分

フジッリ（乾燥）	**80g**
セージ（生）	**2本**
レモン（半分は果汁大さじ1/2をしぼり、半量は実をほぐす）	
	1/2個
生クリーム	1カップ
塩	小さじ1弱
トッピング	
パルミジャーノレッジャーノ	40g
バター	大さじ1

[作り方]

1　フジッリをゆでる

鍋に湯を沸かして塩適量（分量外）を入れ、
フジッリを袋の表示時間より1分短めにゆ
でる。

2　焼く

1を耐熱皿に入れ、セージを散らす。生ク
リームに塩とレモン汁を加えて混ぜ、耐熱
皿に注ぎ、レモンの果肉を散らす。パルミ
ジャーノを削ってバターをところどころにの
せ、200℃のオーブンで15分ほど焼く。好
みでさらにレモン（分量外）をしぼっても。

220℃
10分

白桃のマスカルポーネ焼き

つまみにも〆にもなるデザートグラタン。
マスカルポーネと卵黄を合わせた
カスタードクリーム風のソースが
桃の上品な甘さを引き立てます。

[材料] 2人分

白桃（缶詰）		2個
A	マスカルポーネチーズ	
		150g
	卵黄	1個
	はちみつ	大さじ1
タイム（生、葉をしごく）		1枝
オレンジリキュール		大さじ1

[作り方]

1 材料の下ごしらえをする

桃はキッチンペーパーで汁けをふく。
Aをよく混ぜて耐熱皿に入れ、桃をの
せてタイムを散らし、オレンジリキュー
ルをかける。

2 焼く

220℃のオーブンで10分焼く。

220℃
25分

いちじくのホットワイン風グラタン

いちじくに赤ワインとシナモンで、
"焼きホットワイン"をイメージしました。
焼きたてにヨーグルトをのせると、
ふわりとさわやかな酸味が加わります。

[材料] 2人分

いちじく（4〜6等分に切る） 4個
グラニュー糖	大さじ2
A 赤ワイン	大さじ3
バルサミコ酢	大さじ1
シナモンスティック（割る）1本
バター	小さじ2
プレーンヨーグルト（無糖）	
	大さじ2

[作り方]

1 材料の下ごしらえをする

耐熱皿にいちじくを並べ、グラニュー糖をふりかける。**A**を加え、シナモンとバターを散らす。

2 焼く

220℃のオーブンで25分ほど焼き、ヨーグルトをのせる。

堤 人美

料理研究家。京都府生まれ。雑誌、企業のレシピ開発、テレビなどで活躍中。グラタンが大好きで、おもてなし料理は決まってグラタン。野菜のおいしさを引き出すセンスのよさにも定評があり、野菜をおいしく食べるための本を数多く出版している。グラタンも、野菜をおいしく食べる方法の1つ。最近はもっぱら韓国カルチャーに夢中。近著に『焼き煮込み』（Gakken）、『野菜はあたためて食べる！』（新星出版社）、『からだの中から整う　おかゆレシピ』（MdNコーポレーション）など。

気軽にできて、とびきりおいしい！
グラタン・ドリア

2023年12月19日　第1刷発行

著　者　堤　人美
発行人　土屋　徹
編集人　滝口勝弘
発行所　株式会社　Gakken
　　　　〒141-8416　東京都品川区西五反田2-11-8
印刷所　大日本印刷株式会社

●この本に関する各種お問い合わせ先
本の内容については、下記サイトのお問い合わせフォームよりお願いします。
https://www.corp-gakken.co.jp/contact/
在庫については　Tel 03-6431-1250（販売部）
不良品（落丁、乱丁）については　Tel 0570-000-577
学研業務センター　〒354-0045 埼玉県入間郡三芳町上富279-1
上記以外のお問い合わせは Tel 0570-056-710（学研グループ総合案内）
© Hitomi Tsutsumi　2023 Printed in Japan

学研グループの書籍・雑誌についての新刊情報・詳細情報は、下記をご覧ください。
学研出版サイト　　https://hon.gakken.jp/

STAFF

デザイン	高橋朱里（マルサンカク）
撮影	鈴木泰介
スタイリング	久保百合子
調理アシスタント	川嵜真紀　見澤文子
校閲	株式会社　聚珍社
編集・文	山村奈央子
企画・編集	岡田好美

撮影協力

UTUWA　TEL 03-6447-0070